잠입! 천재 과학자의 방

❸ 물질은 무엇으로 이루어질까? - 퀴리 외

사토 후미타카 편저 구사바 요시미 글 다나베 타이 그림 박유미 옮김

우리가 소개해 줄게요.

코봉 슈가 박사

차례

공기의 정체—2
토리첼리의 방—4
빛의 정체—8
분젠의 방—10
전기의 정체—14
헤르츠의 방—16
사물의 정체—20
에사키 레오나의 방—22
원자란 무엇일까?—26
퀴리 부부의 방—28

과학자가 활약했던 시대—32
찾아보기—35

공기는 알갱이들이 모인 것

토리첼리의 방

공기에 무게가 있을까? 1643년 토리첼리는 수은을 사용한 실험에서 그 사실을 확인했다.

토리첼리는 수은으로 가득 채운 유리관을 수은이 담긴 수조 속에 거꾸로 세웠어. 자, 유리관에 들어 있던 수은은 어떻게 될까?

유리관 윗부분에 생긴 공간은 아무것도 없는 진공 상태야. 당시 사람들은 이런 사실에 놀랐어. 이 세상에 진공이란 존재하지 않는다고 생각했거든.

전부 통 속으로 흘러 나오지 않을까요?

진공팩

앗, 갈릴레이의 유령?!

실험은 잘되어 가나?

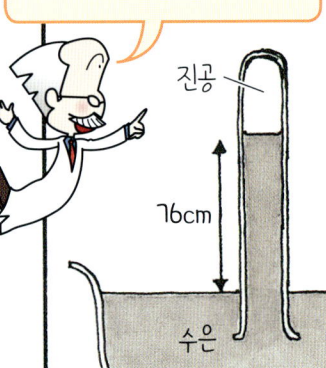
진공 / 76cm / 수은

공기의 무게가 표면을 누르고 있어.

갈릴레이

토리첼리의 망원경
깃털펜
잉크병
수평기

토리첼리는 이 실험에서 공기에 무게가 있음을 증명했어. 수은의 표면을 누르는 공기의 무게가 유리관에 있는 76센티미터 수은의 무게와 같다는 것도.

천구의
양초
돋보기
컴퍼스
측량계
메모
각도계
나침반

토리첼리

다양한 길이의 유리관

수은은 당시에 가장 무거운 액체로 알려져 있었어. 물로 같은 실험을 하려면 10미터의 관이 필요해. 물은 수은 무게의 14분의 1에 불과하기 때문에 공기가 같은 무게로 누르면 더 많이 밀려 올라가거든.

토리첼리는 갈릴레이의 제자야. 갈릴레이가 죽을 때까지 함께 연구했다고 해.

보이지 않는 공기의 수수께끼를 풀다

공기의 힘은 강했다

토리첼리의 수은 실험이 있고 나서 20년 후에 게리케는 구리로 만든 구 속의 공기를 뺀 다음, 공기가 누르는 힘이 얼마나 강한지 증명했다.

공기의 무게는 장소에 따라 다르다

파스칼은 토리첼리의 실험에 대해 듣고, 산 위에서 같은 실험을 했다.

마그데부르크라는 도시에서 실시해서 '마그데부르크 실험'이라고 해. 말을 이용해서 진공 상태의 반구를 분리시키는 데 필요한 힘을 측정했어.

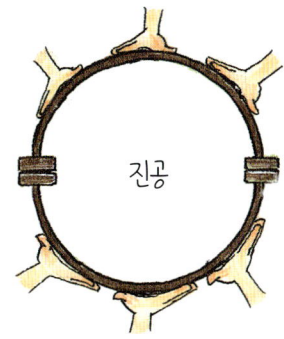
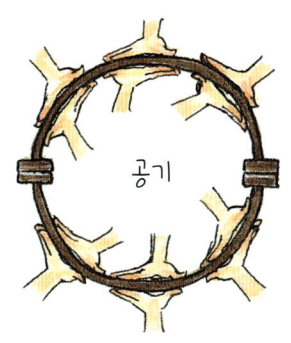

내부를 진공 상태로 만들면 세게 잡아당겨도 떨어지지 않아.

내부에 공기가 있으면 밖에서 미는 힘만큼 안에서 밀기 때문에 쉽게 떨어져.

공기는 알갱이와 틈으로 이루어져 있다

공기는 따뜻해지면 팽창한다. 켈빈은 그 이유를 알갱이가 더 격렬하게 날아다니기 때문이라고 생각했다.

켈빈

따뜻해지면…

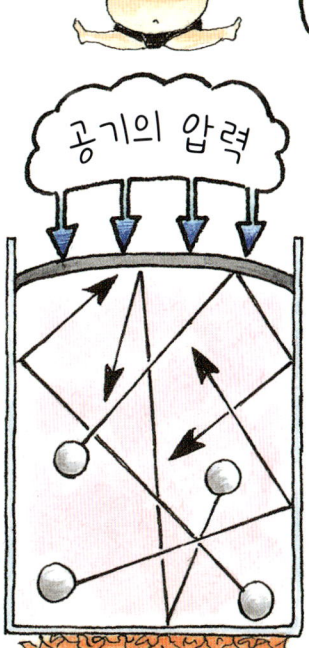

물이 끓으면 뚜껑이 들썩거리는 게 그 때문이구나!

분젠의 방

여러 가지 물질을 고온으로 가열해서 나오는 빛을 보고, 원소에 따라 빛의 색깔이 다르다는 사실을 확인했다.

> 분젠은 원소에서 나오는 빛을 프리즘으로 관찰했는데, 원소에 따라 방출하는 빛의 파장이 다르다는 걸 알게 되었어.

> 실험을 도와주는 사람은 키르히호프야. 전기와 관련된 연구로 유명한 학자인데, 빛에도 관심이 있어서 분젠의 실험에 참가했어.

- 분젠 전지
- 시약병
- 키르히호프
- 태양광의 스펙트럼
- 수은
- 네온
- 헬륨
- 나트륨
- 수소
- 시험용 유리컵
- 비커
- 세척병
- 피펫
- 나무통
- 취관
- 시약병
- 색연필
- 분젠의 메모
- 양초
- 프레첼
- 커피
- 소시지
- 맥주
- 책
- 감자
- 시약병

> 눈앞에 있는 물질이 무엇으로 만들어졌는지 몰라도 일단 뜨거워져서 빛을 내기 시작하면 알 수 있어. 빛의 색깔을 보면 그 물질에 어떤 원소가 들어 있는지 알 수 있거든.

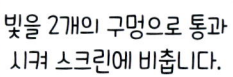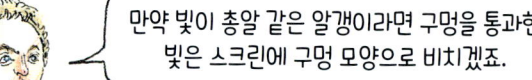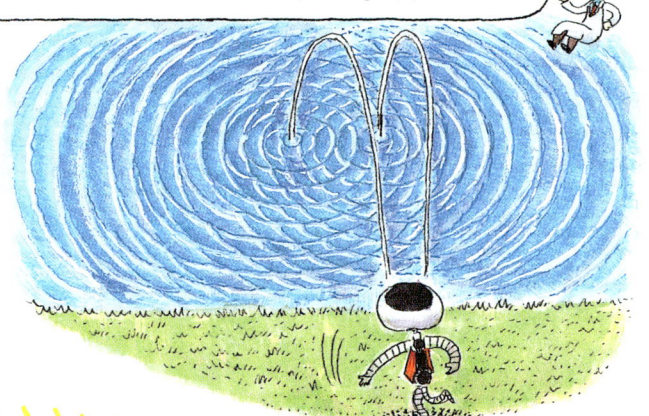

전기의 정체

텔레비전, PC, 스마트폰, 냉장고…. 우리 주변의 편리한 기기는 모두 전기로 움직인다. 그리고 자연에 있는 돌멩이와 철, 생물에도 전기의 힘이 작용한다.

볼타 1745~1827년
이걸로 필요할 때 필요한 만큼 전기를 흐르게 할 수 있어.
전지를 발명하여 전기를 인공적으로 만들었다.

길버트 1544~1603년
나침반이 항상 북쪽을 가리키는 이유는 무엇일까?
지구가 거대한 자석의 성질을 띠고 있다는 사실을 발견했다.

패러데이 1791~1867년
전기를 흘려보내면 자석이 움직여.
전기를 흘려보내 여러 실험을 한 뒤 최초의 전기 모터를 만들었다.

맥스웰 1831~1879년
전기와 자기의 관계는 이 식으로 나타낼 수 있어요.
$$\nabla \times H - \frac{\partial D}{\partial t} = j$$
전기와 자기를 일으키는 데 규칙이 있음을 발견했다.

프랭클린 1706~1790년
번개는 자연이 만든 강력한 전기야!
번개의 정체를 실험으로 밝혔다.

헤르츠 1857~1894년
와! 전기가 공중을 난다!
번쩍!
처음으로 전파를 발생시켰다.

헤르츠의 방

전기가 공중으로도 전달된다는 사실을 실험으로 확인했다.

이 식은 어떤 뜻이에요?

이건 맥스웰이 고안한 유명한 식이야. 전기와 자기의 법칙을 이 4가지 식으로 모두 나타낼 수 있어. 이 식이 맞는지 아닌지를 헤르츠가 여러 가지 실험으로 확인했어. 이 실험도 그중 하나야.

당시에는 전기가 전선으로만 전달된다고 생각했어. 이 실험으로 전기가 전선이 없이 공기 중으로도 전달된다는 것을 알게 됐지.

'공중으로 전달되는 전기'가 바로 '전파'야.

자력선은 끊어지지 않는다.

자기장의 변화로 전기가 발생한다.

전기 주변에 전기장이 생긴다.

전류가 자기장을 만든다.

…

$$\nabla \cdot B = 0$$

$$\nabla \times E + \frac{\partial B}{\partial t} = 0$$

$$\nabla \cdot D = \rho$$

$$\nabla \times H - \frac{\partial D}{\partial t} = j$$

조수

변압기

스위치

전류계

전파 발생 장치

예비 배터리

여러 형태의 배터리

배터리

변압기

정전기를 모으는 라이덴 병

두 가지 전기

자연 속에 있던 '고요한 전기'

전기라는 말이 없었던 오랜 옛날부터 사람들은 이상한 힘에 대해 알고 있었다.

지금은 '정전기'라고 불리는 이 현상을 최초로 발견한 사람은 고대 그리스의 탈레스야. 지금으로부터 2,600년 전의 일이지.

플라스틱에 머리카락이 달라붙는 것도 자연 속에 있는 정전기 때문이에요.

머리카락에도 책받침에도 플러스와 마이너스가 같은 수만큼 있어.

문지르면 머리카락의 마이너스가 책받침에 붙고….

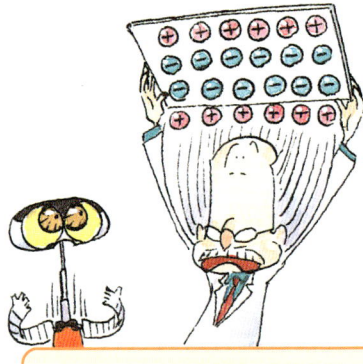

책받침에 모인 마이너스와 머리카락에 남은 플러스가 서로 끌어당겨서 달라붙는 거야!

두 가지 물건을 문질렀을 때 플러스가 되기 쉬운 것과 마이너스가 되기 쉬운 것이 있어.

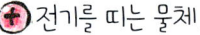
⊕ 전기를 띠는 물체

머리카락

유리 / 털실

⊖ 전기를 띠는 물체

염화비닐 / 셀로판

폴리에틸렌

전기의 정체는 '전자'라는 알갱이

모든 사물은 원자라는 작은 알갱이로 되어 있고, 원자 안에 전자라는 마이너스 알갱이가 있어요. 이 전자의 일부가 원자에서 튀어나오면 사물은 전기를 띠게 되죠.

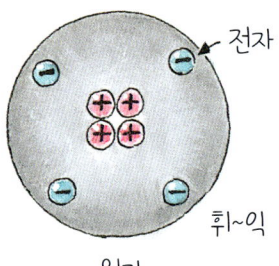
원자

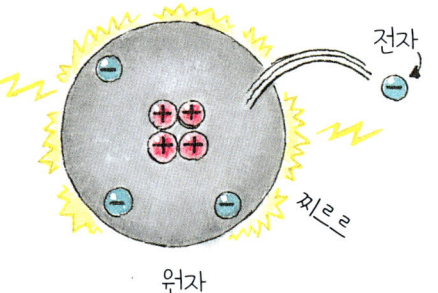
원자

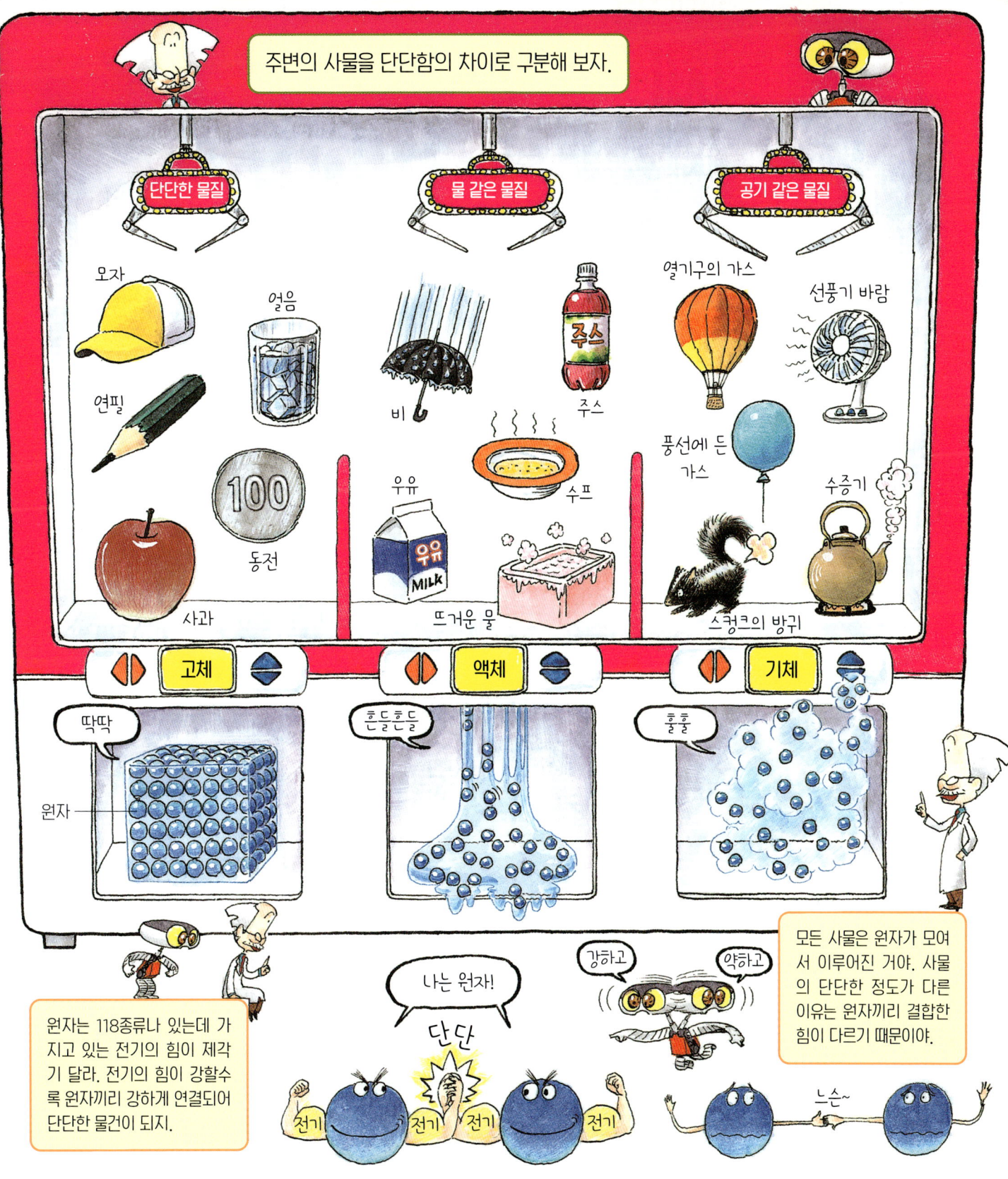

에사키 레오나의 방

에사키 레오나가 전기 회사 직원일 때 불량 제품을 조사하면서, 전기가 이상하게 흐르는 모습을 발견했다. 그것은 노벨상으로 이어지는 대발견이었다.

사물에는 금속처럼 전기가 흐르는 것과 고무처럼 전기가 흐르지 않는 것이 있어. 에사키 레오나가 조사한 것은 전기가 흘렀다가 흐르지 않았다가 하는 반도체라는 물질이었어. 반도체 안에서는 전기가 마치 터널을 빠져나가듯 이동하는 것을 알게 되었지.

도체	절연체	반도체
금속	고무	규소 (실리콘)
전기가 흐른다.	전기가 흐르지 않는다.	전기가 조금 흐른다.

이상하게 흐르는 전기의 정체는 원자 속에 있는 '전자'라는 작은 알갱이야.

보통은 사물이 벽에 부딪히면 튀어 오르잖아.

그런데 전자는 마치 벽을 빠져 나가듯이 이동해.

이 세상 모든 물질은 원자로부터 만들어지는데, 원자의 세계에서는 우리 세계와는 다른 일이 일어나. 왜 그런지 모르겠지만 말이야.

방 안의 물건들: 배기관, 온도계, 차통, 걸레, 장갑, 니퍼, 작업대, 쓰레기통, 전기로, 전기스탠드, 단자대, 약품병, 탄자대, 기반, 전선, 땜질 인두, 땜질용 납선, 전압계, 전류계, 기판, 성능 카탈로그, 핀셋, 고정시키는 도구, 육각 렌치, 실톱, 니퍼, 드라이버, 공구함

물질은 원자의 집합체다

모든 물질은 원자로 이루어져 있어. 모양이나 색이나 성질이 다른 것은 원자의 종류나 결합 방식이 다르기 때문이야.

원자의 배열 방식이 다르면 다른 물질이 된다

다이아몬드와 흑연은 둘 다 탄소라는 원자로 이루어져 있지만 배열 방식이 다르다.

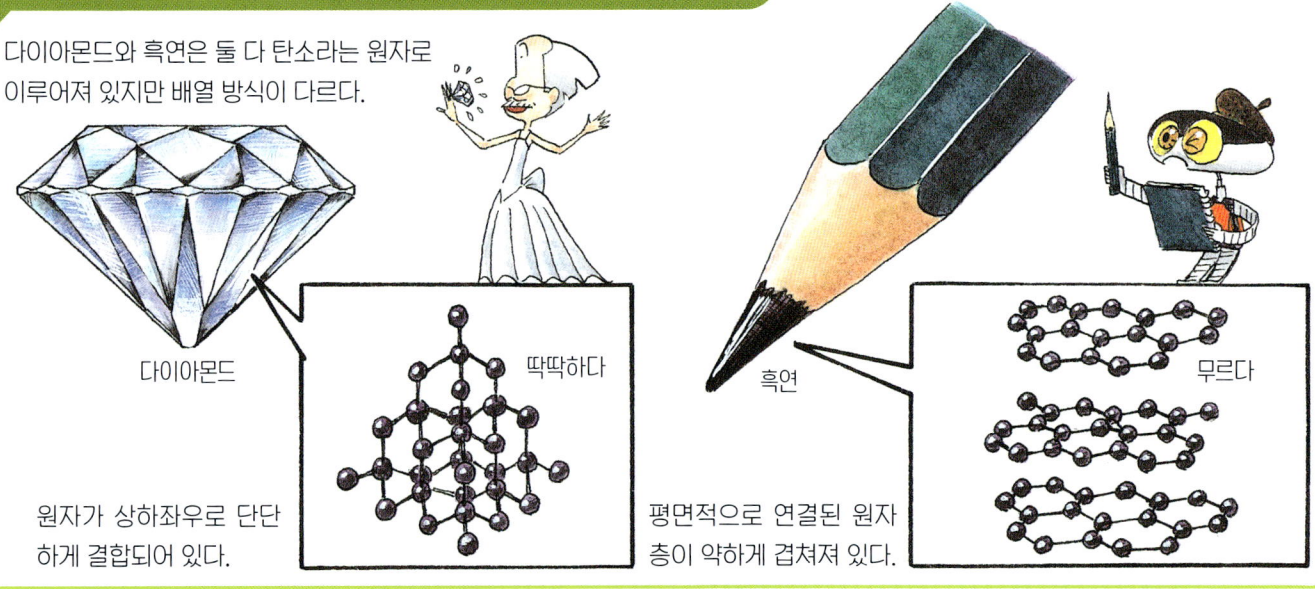

다이아몬드 — 딱딱하다
원자가 상하좌우로 단단하게 결합되어 있다.

흑연 — 무르다
평면적으로 연결된 원자층이 약하게 겹쳐져 있다.

원자의 결합력이 약해지면 다른 물질이 된다

온도가 올라가면 원자가 활발히 움직이기 시작한다. 그러면 원자들의 결합이 풀리면서 물질의 모양이 변한다.

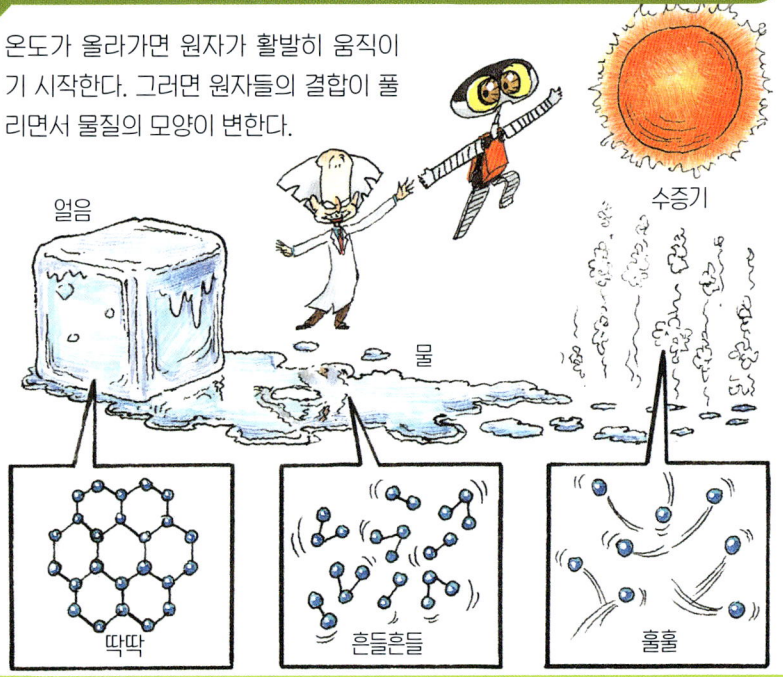

얼음 — 딱딱
물 — 흔들흔들
수증기 — 훌훌

단, 원자는 변하지 않는다!

사물을 자르고 두드리고 가열해도 원자 자체는 쪼개지거나 녹지 않아.

원자란 무엇일까?

모든 물질은 원자라는 작은 알갱이로 이루어져 있다. 너무 작아서 눈으로 볼 수 없지만 과학자들은 여러 가지 방법으로 내부를 밝혀 왔다.

"어째서 하늘에 방사선이 있는 거지?"

헤스 1883~1964년
방사선 측정기를 기구에 실어 측정한 결과, 방사선은 우주에서도 날아온다는 사실을 발견했다.

"라듐이야!"

원자

"원자의 중심에는 '원자핵'이라고 하는 딱딱한 핵이 있어."

"방사선을 이용한 실험으로 알아냈지!"

퀴리 1867~1934년
남편 피에르 퀴리와 함께 강한 방사선을 내뿜는 원자를 발견했다. 이때부터 원자의 정체를 찾는 연구가 시작되었다.

원자핵
양성자
중성자

"원자핵에 또 다른 물질(중성자)이 있었어!"

"원자보다 작은 미지의 세계를 볼 수 있어!"

러더퍼드 1871~1937년
원자의 중심에 핵이 있다는 걸 발견했다.

채드윅 1891~1974년
채드윅이 중성자를 발견함으로써 원자핵은 두 종류의 입자(양성자와 중성자)로 이루어져 있다는 사실이 밝혀졌다.

로렌스 1901~1958년
원자핵을 고속으로 충돌시켜 파괴하는 장치를 발명했다.

원자 속을 들여다봤더니

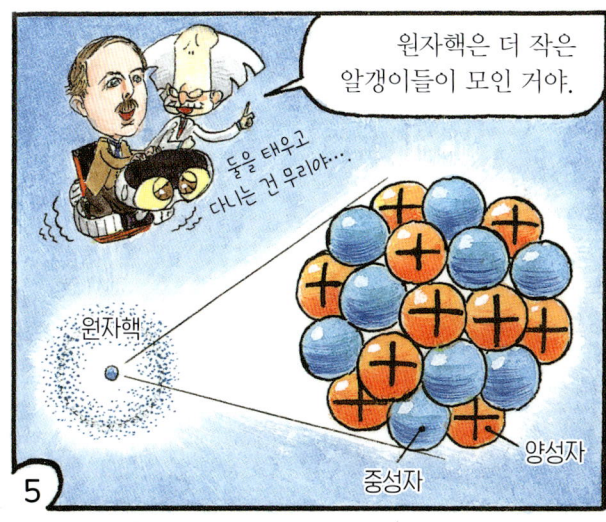

방사선 : 원자핵이 붕괴될 때 나오는 알갱이로 상당히 큰 에너지를 가지고 있다.
중성자 : 원자핵 안에 있는 작은 알갱이로 전기를 띠지 않는다.

양성자 : 원자핵 안에 있는 작은 알갱이로 플러스 전기를 띠고 있다.
원소 : 산소나 수소 같은 물질의 성분.

원자의 정체에 다가가다

하늘로 올라가서

퀴리의 발견이 옳은지 확인하기 위해 헤스는 기구를 타고 하늘로 올라가 방사선을 재 보았다. 그 결과 우주에서도 방사선이 나오는 걸 알게 되었다.

우주에서 끊임없이 나오는 방사선이 공기와 반응해서 많은 입자를 만들어 낸 뒤 널리 퍼지는 걸 알게 되었어. 확 나타났다가 사라지는 거지.

헤스가 실제로 측정했던 건 공기 중의 마이너스 전기야. 방사선은 공기 중의 원자를 플러스와 마이너스로 나누기 때문에 마이너스의 양을 재어 보면 방사선의 양을 알 수 있어.

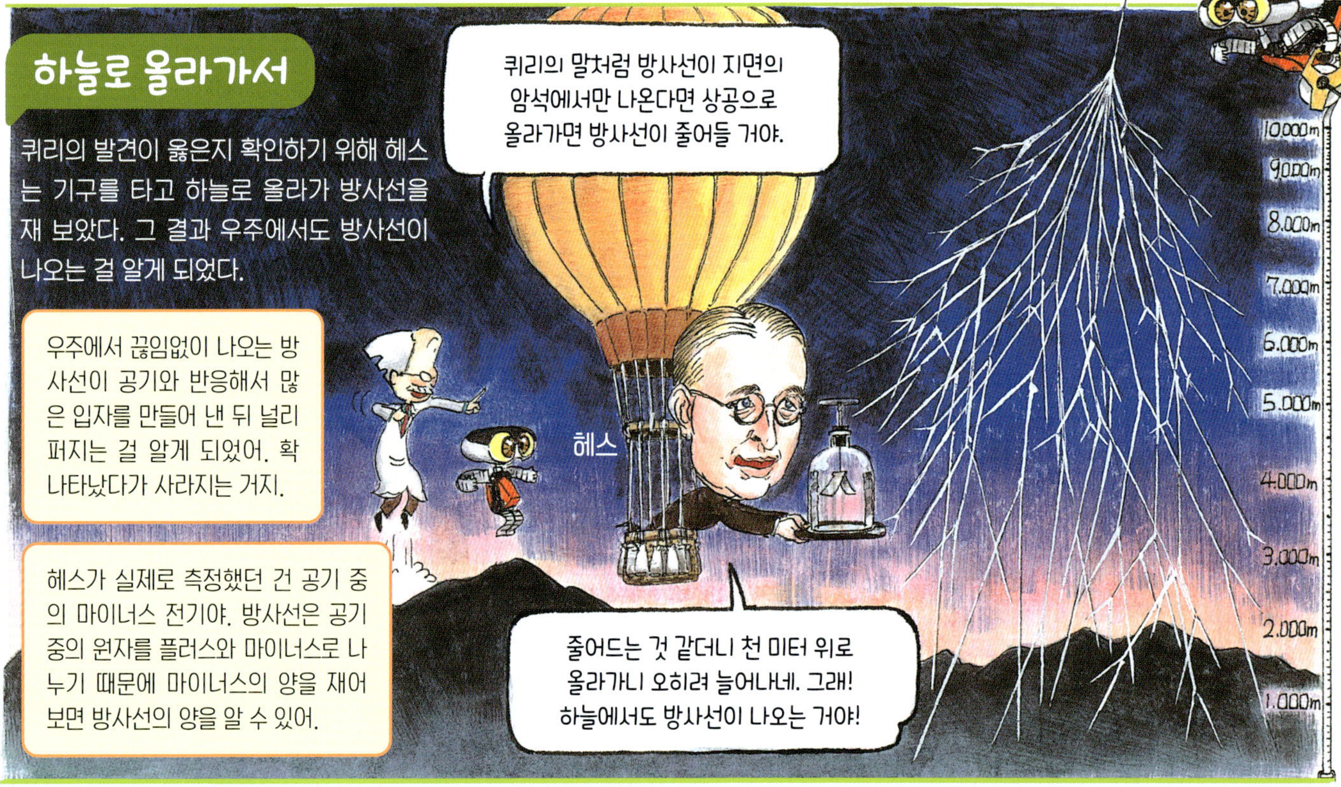

퀴리의 말처럼 방사선이 지면의 암석에서만 나온다면 상공으로 올라가면 방사선이 줄어들 거야.
헤스
줄어드는 것 같더니 천 미터 위로 올라가니 오히려 늘어나네. 그래! 하늘에서도 방사선이 나오는 거야!
10,000m
9,000m
8,000m
7,000m
6,000m
5,000m
4,000m
3,000m
2,000m
1,000m

실험실에서

원자의 내부가 어떻게 생겼는지 조사하기 위해 러더퍼드가 방사선을 쏘았다. 그 결과 원자 한가운데 핵이 있다는 걸 발견했다.

원자는 단단하게 싸여 있어서 내부를 확인하기 어렵지만, 방사선 에너지는 아주 강해서 원소를 뚫을 수 있어.

원자 속에 플러스 전기를 가진 알갱이가 있다는 건 알고 있었지만, 빵에 박힌 건포도처럼 흩어져 있다고 생각하는 과학자도 있었어. 그런데 이 실험으로 한가운데 작게 뭉쳐져 있다는 걸 알게 되었지.

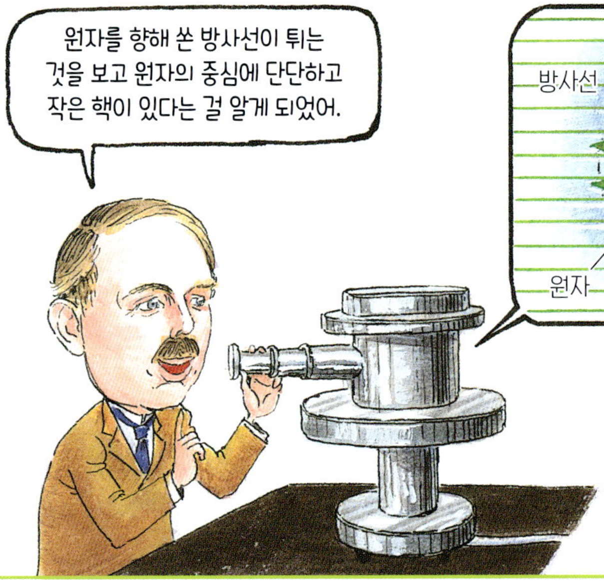

원자를 향해 쏜 방사선이 튀는 것을 보고 원자의 중심에 단단하고 작은 핵이 있다는 걸 알게 되었어.

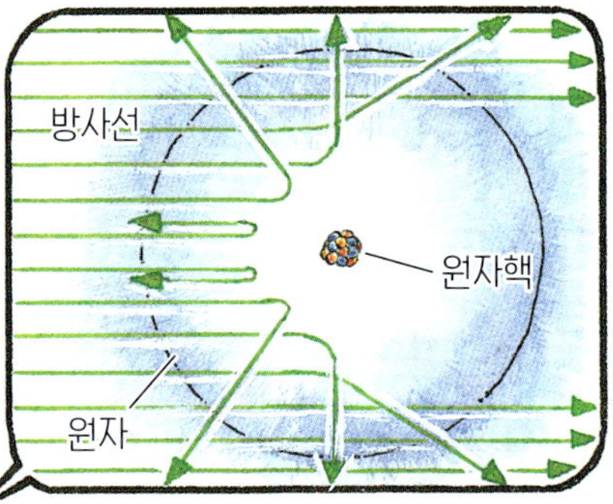

방사선
원자핵
원자

이 알갱이가 바로 '원자핵'이야.

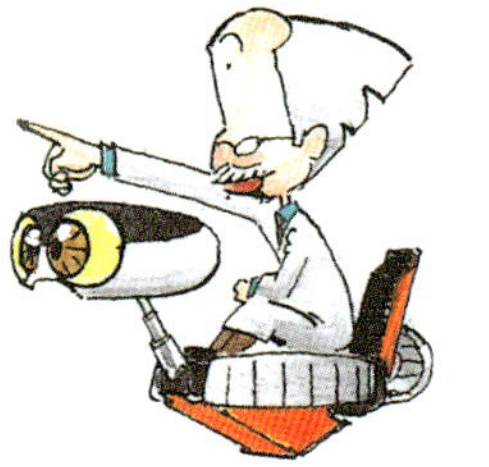

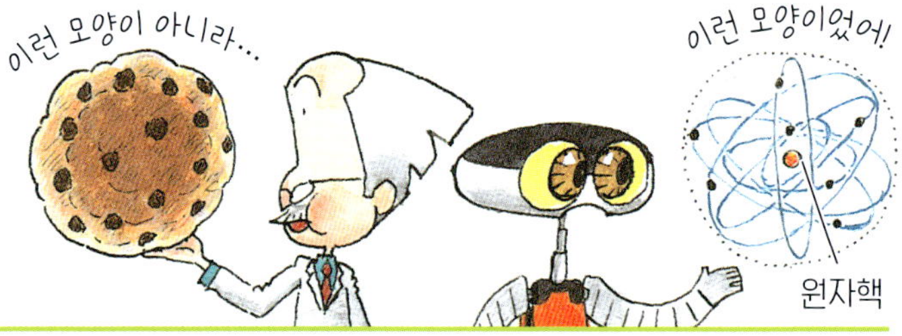

이런 모양이 아니라…
이런 모양이었어!
원자핵

거대한 장치로

지상의 거대한 원형 장치는 원자핵을 엄청난 속도로 날려 버리는 '가속기'이다. 원자핵을 고속으로 충돌시켜 산산조각 낸 다음, 안에서 튀어 나오는 미지의 알갱이를 조사한다. 우주 탄생의 수수께끼에 다가가는 실험이다.

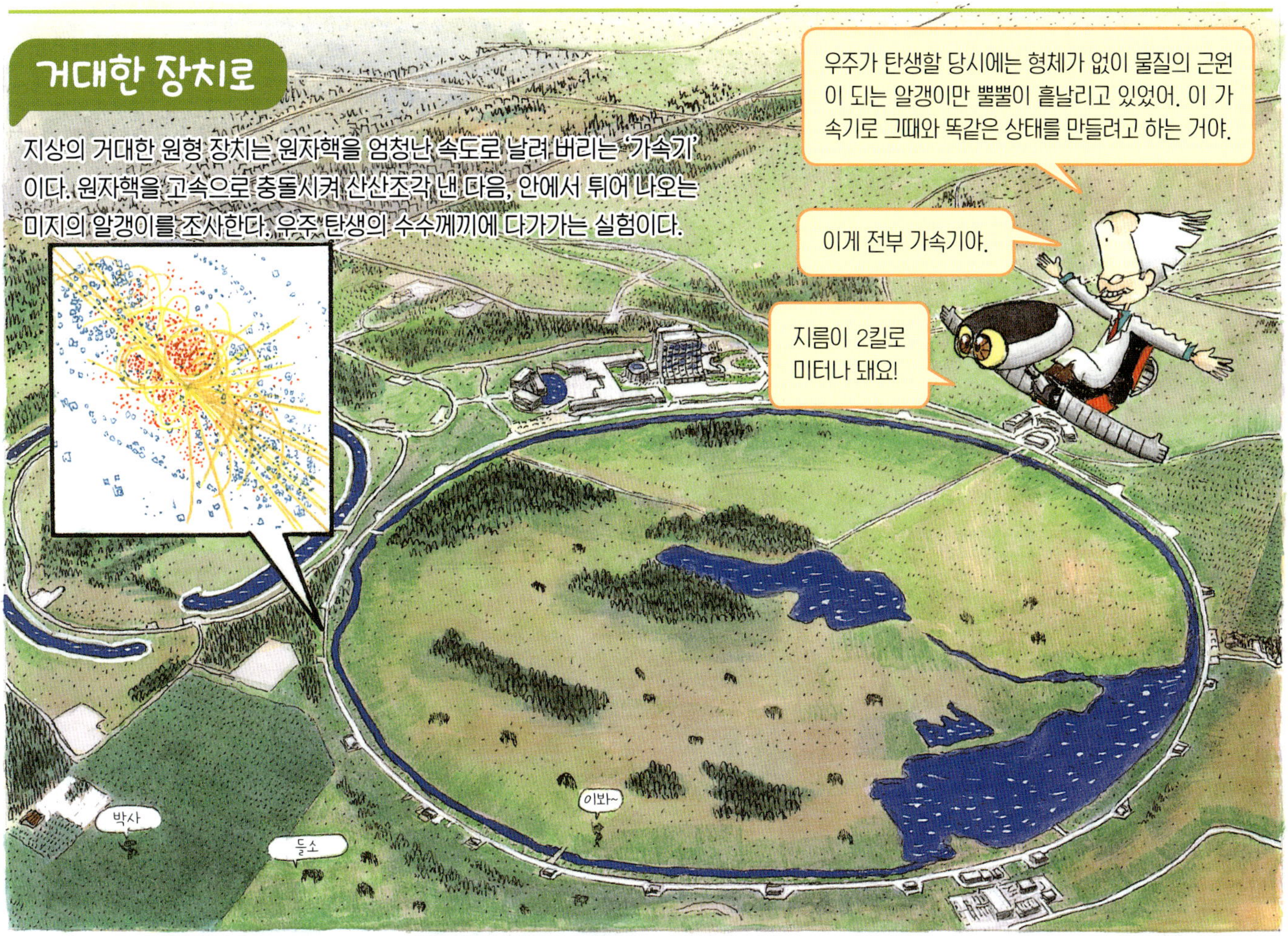

우주가 탄생할 당시에는 형체가 없이 물질의 근원이 되는 알갱이만 뿔뿔이 흩날리고 있었어. 이 가속기로 그때와 똑같은 상태를 만들려고 하는 거야.
이게 전부 가속기야.
지름이 2킬로미터나 돼요!
박사
들소
이봐~

빛은 원자가 만든다

원자핵을 둘러싸고 있는 전자가 안쪽으로 떨어질 때 빛을 낸다.
이것이 빛의 정체다.

이쪽도 빛이 나.
빛
전자
원자핵
전자
원자핵
전자
원자핵

열을 받으면 전자가 바깥쪽으로 이동한다.

원자핵을 떠난 전자는 불안정한 상태가 되어,

빛을 뿜어내고 원래의 위치로 돌아온다!

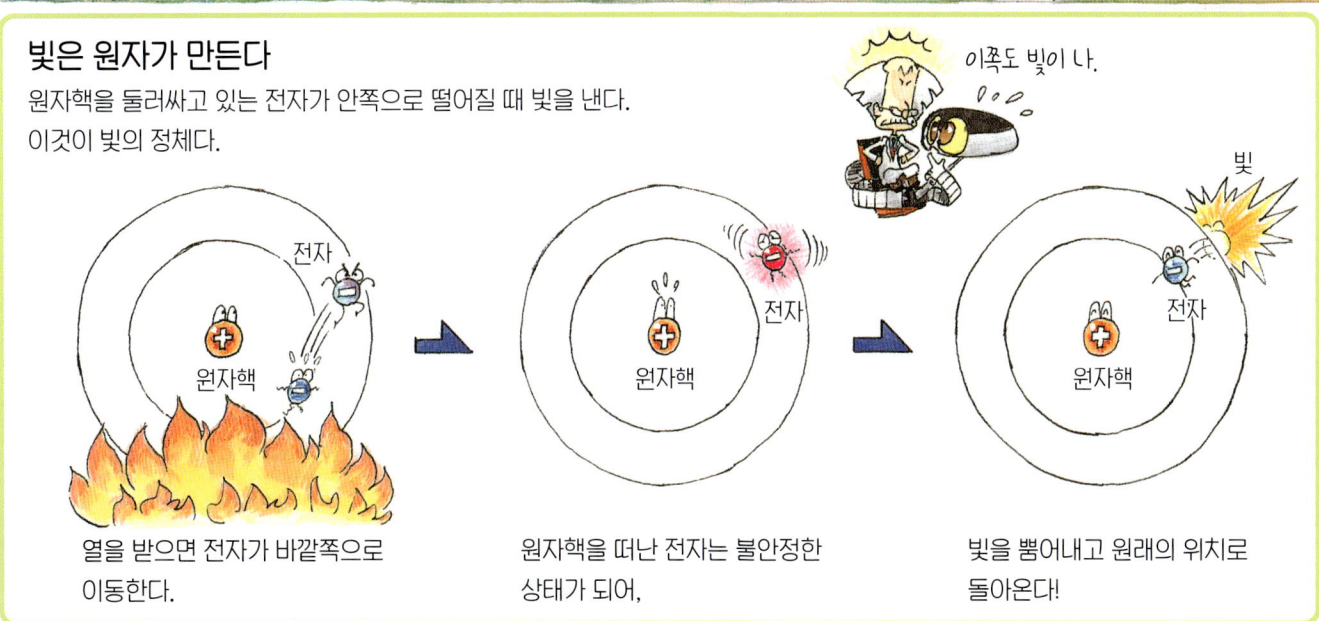

원자 : 모든 물질의 근원이 되는 작은 알갱이
원자핵 : 원자의 중심에 있는 플러스 전하를 띠는 단단한 핵
방사선 : 원자핵(원자의 중심에 있는 핵)이 붕괴될 때 나오는 알갱이로 상당한 에너지를 가지고 있다.
전자 : 원자 안에 있는 마이너스 전하를 띠는 알갱이

과학자가 활약했던 시대

| 기원전 | 기원후 | 16세기 | 17세기 | 18세기 |

이 책에 등장하는 과학자

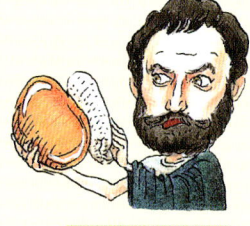

탈레스
기원전 624~546년

호박 표면을 문지르다 정전기를 발견했다.

갈릴레이
1564~1642년

공기에 무게가 있다는 것, 빛에 속도가 있다는 것을 실험으로 확인하려고 했다.

토리첼리
1608~1647년

공기에 무게가 있다는 것을 발견했다.

뉴턴
1642~1727년

빛은 알갱이의 성질을 가진다고 주장했다.

호이겐스
1629~1695년

빛은 물결의 성질을 가진다고 주장했다.

파스칼
1623~1662년

고도에 따라 공기의 압력이 다르다는 것을 확인했다.

갈바니
1737~1798년

동물의 몸에서 전기가 발생한다고 생각했다. 이런 갈바니의 착각은 볼타가 전지를 발명한 계기가 되었다.

길버트
1544~1603년

지구가 거대한 자석이라는 것을 발견했다.

보일
1627~1691년

직접 제작한 진공 펌프를 이용하여 공기의 성질을 연구했다.

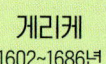

게리케
1602~1686년

진공 펌프를 발명하여 공기에 힘이 있음을 실험으로 확인했다.

프랭클린
1706~1790년

번개는 전기적 현상이라는 것을 연날리기 실험으로 확인했다.

세계 주요 사건

B.C. 550년경
석가모니 탄생

B.C. 4년경
예수 탄생, 기독교 성립

1446년
세종 대왕, 훈민정음 반포

1492년
콜럼버스, 아메리카 대륙 발견

1517년
루터, 종교 개혁

1519년
마젤란, 세계 일주

1661년
루이 14세, 절대 왕정

19세기

라부아지에 1743~1794년
공기에 산소와 질소 등 여러 가지 기체가 섞여 있는 것을 알게 되었다.

켈빈 1824~1907년
공기 중에는 원자라는 작은 알갱이가 날아다니고 있다고 생각했다.

볼타 1745~1827년
전지를 발명하여 전기를 인공적으로 만들었다.

패러데이 1791~1867년
전기를 흘러보내 여러 가지 실험을 거쳐 최초의 전기모터를 만들었다.

분젠 1811~1899년
원소에 따라 빛의 색깔이 다르게 나타난다는 것을 발견했다.

뢴트겐 1845~1923년
눈에 보이지 않는 빛, 엑스선을 발견했다.

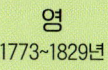
영 1773~1829년
빛이 물결처럼 진행한다는 것을 발견했다.

키르히호프 1824~1887년
전기에 관해 연구하면서 빛에도 흥미를 가져 분젠과 실험을 진행했다.

헤르츠 1857~1894년
처음으로 전파를 발생시켰다.

프라운호퍼 1787~1826년
태양빛에 틈(슬릿)이 있다는 것을 발견하고 자세히 관찰하여 분젠의 발견으로 이어졌다.

옴 1789~1854년
전기가 잘 통하는지 여부는 물질에 따라 다르다는 것을 발견했다.

맥스웰 1831~1879년
전기와 자기가 작용하는 데 규칙이 있다는 것을 발견했다.

베크렐 1852~1908년
세계 최초로 방사선을 발견했다.

1776년
미국 건국, 영국 산업 혁명
1789년
프랑스 혁명

1851년
런던 제1회 만국 박람회
1863년
미국 노예 해방 선언
1896년
아테네에서 제1회 국제 올림픽 대회 개최

| 20세기 | 21세기 |

이 책에 등장하는 과학자

러더퍼드 1871~1937년
원자의 중심에 핵이 있다는 것을 발견했다.

플랑크 1858~1947년
'양자론'이라는 새로운 이론을 내세우며 빛과 원자의 수수께끼에 접근했다.

쇼클리 1910~1989년
'양자론'이라는 새로운 이론을 주창하여 빛과 원자의 수수께끼에 접근했다.

알표로프 1930~2019년
규석이라는 돌을 재료로 실리콘이라는 하이테크 부품을 대량으로 만들 수 있게 되었다.

헤스 1883~1964년
방사선은 우주에서도 날아온다는 것을 발견했다.

브래그 부자 1862~1942년 1890~1971년
다양한 물질에 엑스선을 쬐어서 원자 배열 방법을 보는 데 성공했다.

마리 퀴리 1867~1934년

강한 방사선을 내뿜는 원자를 발견했다. 이때부터 원자의 정체를 찾는 연구가 시작됐다.

채드윅 1891~1974년

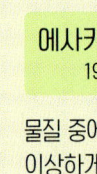

원자핵은 두 종류의 입자(양성자와 중성자)로 이루어져 있다는 것을 발견했다.

에사키 레오나 1925~

물질 중에 전기가 이상하게 움직이는 수수께끼를 풀어 컴퓨터가 빠르게 발전할 수 있었다.

피에르 퀴리 1859~1906년

마리 퀴리의 남편. 방사선 측정 장치를 개발하여 아내 마리와 연구를 진행했다.

로렌스 1901~1958년

원자핵을 고속으로 충돌시켜 파괴하는 장치를 발명했다.

세계 주요 사건

1901년 노벨상 창설
1914년 제1차 세계 대전
1919년 3.1 운동

1932년 만주사변
1939년 제2차 세계 대전

1950년 한국 전쟁
1969년 미국, 아폴로 11호 발사

1988년 서울 올림픽 개최

2001년 미국, 9.11테러
2003년 이라크 전쟁

찾아보기

ㄱ
가속기 31
고체 20
공기 2, 4, 6
구 6
구리 6, 9, 19
규소 21, 22
기체 2, 21

ㄴ
나침반 4, 14
나트륨 9, 10

ㄷ
다이아몬드 24

ㄹ
라듐 26, 28

ㅁ
미세 전류계 29

ㅂ
반구 6
반도체 22
방사선 26, 28, 30
번개 14
빛 8, 10, 12
빛 에너지 8

ㅅ
산소 2, 9, 25
수소 9, 10, 25, 27
수은 2, 4, 6
수증기 21, 24
실리콘 20, 22

ㅇ
아르곤 3
압력 2, 7
액체 4, 21
엑스선 8, 21
얼음 21, 24
양성자 26
양자론 8
우라늄 28
원소 8, 10, 27, 29, 30
원자 24, 26, 28, 30
원자핵 26, 30
이산화탄소 3, 25

ㅈ
자기 14, 16
자력선 16
자석 14
전기 14, 16, 18, 20
전기 모터 14
전기장 16
전리 상자 29

전자 18, 31
전자 구름 27
전파 9, 12
전파 발생 장치 16
정전기 18
중성자 26
진공 2, 4, 6
진공 펌프 2, 6
질소 2

ㅊ
철 13, 14

ㅋ
칼륨 9
칼슘 9

ㅌ
탄소 24
트랜지스터 20, 23
티탄 3, 27

ㅍ
파장 10, 17
프리즘 9, 10

ㅎ
호박 15
흑연 24

과학자들의 방 모습을 재현하기 위해 전 세계의 많은 자료를 조사했답니다. 그런데도 찾지 못한 것은 그 시대의 모습을 근거로 상상을 펼쳐 보았어요. 장난기도 살짝 들어갔지요.

편저 사토 후미타카
1938년 야마가타현 시라타카쵸에서 태어났다. 1960년 교토대학을 졸업하고 유카와 기념재단 이사장을 거쳐 교토대학 명예교수로 재직 중이다. 우주 물리, 일반 상대론의 이론 물리학을 전공했다. 저서로는 《우주 물리의 길》, 《유카와 히데키가 생각한 것》 등이 있다.

글 구사바 요시미
교토시에서 태어나 교토부립대학을 졸업했다. 출판사 편집자로, 저서로는 《무히카의 꿈》, 《지구를 구하는 일(전6권)》, 《직업 도감 시리즈》, 《과학에 매달리지 마!》 등이 있다.

그림 다나베 타이
교토시에서 태어나 교토 세이카대학 미술학부 디자인학과 만화 분야를 졸업하고 동대학원 미술 연구과 풍자화 분야를 수료했다. 대학교 2학년 때 만화가에 데뷔한 후, 만화와 초상화 분야에서 활동했다. 2007년에 제28회 요미우리 국제 만화 대상 곤도 히데조상을 수상했다.

옮김 박유미
소통하는 글로 저자와 독자 사이의 편안한 징검다리가 되고 싶은 번역가이다. 영남대학교 식품영양학과를 졸업 후, 방송통신대학에서 일본학을 공부하며 번역 에이전시 엔터스코리아 출판기획 및 일본어 전문 번역가로 활동 중이다. 주요 역서로는 《최강왕 곤충 배틀》, 《나만의 첫 헤어스타일》, 《세계 동물 스포츠 대회》 등 다수가 있다.

잠입! 천재 과학자의 방 ③
물질은 무엇으로 이루어질까? - 퀴리 외

2021년 7월 30일 1판1쇄 발행

편저 사토 후미타카 **글** 구사바 요시미 **그림** 다나베 타이 **옮김** 박유미
펴낸이 나춘호 **펴낸곳** (주)예림당
등록 제2013-000041호 **주소** 서울특별시 성동구 아차산로 153 **구매 문의 전화** 561-9007 **팩스** 562-9007
책 내용 문의 전화 3404-9245 http://www.yearim.kr

책임개발 유인화/최혜원 변우현 **디자인** 양X호랭DESIGN **제작** 신상덕/박경식 **마케팅** 임상호/전훈승
저작권영업 문하영/김유미 **홍보 마케팅** 김민경

ISBN 978-89-302-7115-8 74400
ISBN 978-89-302-7122-6 (세트)

이 책의 한국어판 저작권은 대니홍 에이전시를 통한 Choubunsha CORPORATION과의 독점 계약으로 ㈜예림당에 있습니다.
저작권법에 의해 한국 내에서 보호를 받는 저작물이므로 무단전재와 복제를 금합니다.

Original Title :
SENNYU! TENSAI KAGAKUSHA NO JIKKENSHITSU (3)
「MONO」HA NANIKARA DEKITEIRU? CURIE HOKA
@Yoshimi Kusaba 2020
@Humitaka Sato 2020
@Tai Tanabe 2020
First published in Japan in 2020 by Choubunsha CORPORATION, Tokyo.
Korean translation rights arranged with Choubunsha CORPORATION, Tokyo
through Danny Hong Agency.

어린이제품 안전특별법에 의한 제품 표시사항
제품명 도서 | 수입자명 (주)예림당 | 제조국 대한민국 | 전화번호 02)566-1004 | 사용연령 8세 이상
주소 서울시 성동구 아차산로 153 | 제조년월 발행일 참조
주의! 책 모서리가 날카로우니, 던지거나 떨어뜨려 다치지 않도록 주의하세요.